imagen de portada: Raquel Vega Bermúdez.

DL ZA 135-2025

ISBN: 978-84-18885-59-4

La autoría de las imágenes es:

- El retrato de familia pag. 17 y los relojes pag. 49 son de Raquel Vega Bermúdez.
- Hoja escrita pag. 33 es de autoría propia.
- Imágenes de la pag. 43 son de varios bancos de imágenes de dominio público.

VERANO ADENTRO

(Y OTROS VESTIGIOS)

Raquel Calonge García

Finalista

VIII Premio Dramaturgia Interanacional Dramaturgia Invasora

'Lauro Olmo'

PENÉLOPE (Y OTROS ÁRBOLES): UN PRÓLOGO INÚTIL

A menudo me pregunto para qué sirven las cosas. La función de una nana es paradójicamente que el sujeto al que va dirigida, se duerma. La función de un prólogo es que al posible lector le apetezca seguir leyendo. Es anticipatoria y lúbrica como un tobogán (aunque arda porque le ha dado el sol todo el día). Por eso imagino prólogos de pan y aceite, de vermú *on the rocks*, de saliva en la comisura, de relámpago rasgando el cielo, de mano acercándose al muslo en el cine de verano, de alarma que se repite al amanecer, de cerilla descansando sobre la paja.

La diferencia fundamental entre la función y el sentido de las cosas es que la función es el propósito o la tarea que algo está destinado a cumplir dentro de un sistema o contexto, mientras que el sentido es el significado o la interpretación que se le da a esa función, a menudo dependiendo del contexto y de quien lo experimenta. La función es el "qué hace" algo, mientras que el sentido es el "qué significa" que haga eso. Sin embargo, últimamente, creo que muchas cosas inútiles tienen sentido. ¿Cuál es la función de hacerse preguntas? ¿Cuál, su sentido? ¿Cuántas preguntas nos ponen en peligro? ¿Cuántas nos salvaguardan? ¿Qué es el teatro sino un precipicio? ¿Qué preguntas, útiles e inútiles, nos arroja esta obra? Se me ocurren varias: ¿Para qué sirve la familia? ¿Para qué sirven los veranos? ¿Para qué los sueños y las pesadillas? ¿Para qué las palabras? ¿Para qué el recuerdo? ¿Para qué el olvido? ¿Para qué el dolor?

***

¿Para qué escribir y editar teatro? ¿Para qué contar historias, sobre la mecedora del tiempo, entre los juegos de sombras paridos por hogueras?

¡Qué responsabilidad! No sé si seré capaz de escribir un prólogo a la altura de este texto.

Hay obras contundentes que no mejoran con un prólogo. Por eso tal vez sea mejor que dejen de leer, y esperen a acabarla. Porque este prólogo es, sin duda, elogio de la inutilidad, tierra yerma, panza de burro, padrenuestro de la raíz, salmo de la semilla.

¿Qué deciden? ¿Nos vemos a la vuelta?

***

Hayan o no hayan leído la obra, podrán adivinar que escribo con cariño estas líneas porque entre sus páginas se esconde un emocionario vital cuya historia, con los ojitos llenitos de ayer, tiene la capacidad de emocionar y proponer una mirada nacarada a la histórica tradición femenina de los cuidados. La dramaturgia hilvana materiales de diversa índole visual con verbos sencillos y preciosistas, que nos advierten en su hallazgo, que la fábula lo tiene todo para ser disfrutada por todas las audiencias, por todas las generaciones. El texto deviene, pues, un atlas de olvidos, con su vestido de domingo. Un álbum de recuerdos, con su reloj infantil, que consigue hacer que el lector tirite de futuro en un banco de pino verde.

Es una obra de mujeres y con mujeres que se acompañan, se cuidan, se peinan y a duras penas se reconocen en los espejos turbios del tiempo. El tiempo, que se revela como un personaje más, si uno recae en la elipsis de diez años que transcurre entre la escena presente y el viaje arqueológico a un verano que les marcó para siempre.

Son los veranos, en esta historia y en muchas, con su aroma a horchata fresca, con sus noticias de incendios forestales, con su olor a libro nuevo en la mochila, el tiempo para desprenderse de cosas y desaprender el mundo, rumbo a los otoños minados de ramas secas, de helechos muertos, de alfombras de hojas crujientes, de cicatrices por curar.

La escritura, precisa y de escogida densificación parece seguir aquí las directrices de la conocida como "la teoría de la bolsa de transporte de la ficción" de Ursula K. Leguin, que aboga que la forma natural, correcta y adecuada de la ficción quizás sea la de un saco, o una bolsa, en contraposición a la idea de lanza o espada, habitual en las sobreexplotadas narrativas que trazan el relato desde las estaciones de construcción del camino del héroe:

> *Una relación posible entre elementos en una ficción bien podría ser la de un conflicto, pero reducir la narrativa al conflicto es absurdo. (He leído un manual-de-cómo-escribir que decía «Un relato debe entenderse como una batalla», y luego hablaba de estrategias, ataques, victoria, etc.). El conflicto, la competición, la presión, la lucha, etc., dentro de una narrativa concebida como una bolsa/vientre/caja/hogar/botiquín, podrían ser vistos como elementos necesarios de un todo que, en sí, no se puede caracterizar ni como un conflicto ni como armonía, ya que su propósito no es ni la resolución ni la inmovilidad, sino un proceso continuado, […] al ser laboriosamente desenhebradas, dejan ver que contienen un guijarro azul, un cronómetro impertérrito que marca la hora en otro mundo, y la calavera de un ratón; lleno de principios sin finales, de iniciaciones, de pérdidas, de transformaciones y traducciones, y muchos más trucos que conflictos, muchos menos triunfos que trampas y espejismos; lleno de naves espaciales que se quedan encalladas, misiones que fracasan, gente que no entiende.*

Es en este tipo de bosque en el que encontraremos la madriguera desde la que aceptar los diálogos de "*Verano adentro (y otros vestigios)",* sus surcos en la arena, la huella alargada de sus lamentos gallegos, los caminos hacia el parque por los que perderse, el rosario de migas de pan, los apuntes avergonzados en la libreta anti-olvido, la matria adormecida de su verbo; que tiñe de calostro dulce, la médula de nuestros desiertos. Un bosque como el que dibujó Ramón y Cajal, –primero obsesionado por cuanto veía en autopsias y disecciones, después bajo el microscopio– la célula de Purkinje, neurona del cerebelo con su perfecta telaraña ramificada de árbol dendrítico. Un bosque nuestro cerebro. Un árbol arraigado nuestro corazón. De nuevo, una cerilla, una bengala, una antorcha nuestro deseo.

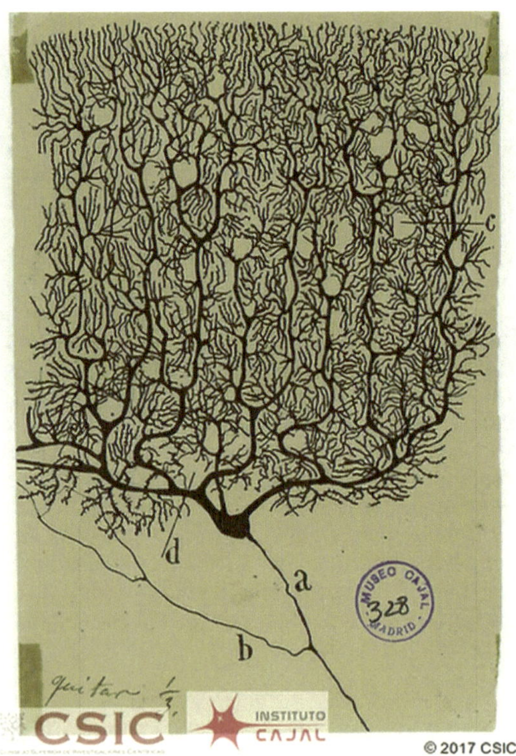

Hermoso dibujo de Ramón y Cajal de una célula de Purkinje.

La parábola que dibuja Calonge, pues, en su arboleda hambrienta, nos reconforta, luminosa; nos cuida, brillante como el peine de concha, nos ilumina como el haz tembloroso de una linterna en el desván, nos rehabilita haciendo de sus páginas unas muletas perfectas para acostumbrarnos a caminar tras las pérdidas. Es la historia de estas mujeres, como un abrazo entre la niebla que nos prepara, nos advierte y nos adentra en la floresta, antes de que de los sauces caigan las hojas.

Esto avisa, claro que avisa, como un terremoto, como un volcán.

Dice la abuela, mientras la nieta salta a la pata coja, y la hija se cura las heridas. Mientras, todas, como trasuntos de la Penélope de Homero, –y por qué no, la de Serrat– hacen y deshacen la maraña de preocupaciones, vendándose y desvendándose los muñones, escribiendo y tachando fechas del calendario, llorando y secándose las lágrimas, sintiendo y perdiendo el dolor fantasma de lo que desaparece, mezclando su diccionario de afectos en un familiar gazpacho de verano sin pepino y sin cebolla.

Conozco bien la pluma de Raquel, con quien he coescrito algunos textos, y reconozco en este trabajo, merecido finalista del Premio de Dramaturgia Invasora "Lauro Olmo" (2024), las voces y-referentes que la acompañan, los credos que lo iluminan, los valores que apuntalan la fábula como una casa en el árbol, y la búsqueda de sentido –que no de utilidad – a esta peligrosa tarea de escribir y de escribirse.

Tal vez escribir teatro, tal vez escribir obras como ésta, sea una manera de vendar las heridas para que no duelan. Para evitar que escueza aquello que ya no está, o de lo que vemos que se va. Tal vez para alejar al olvido que, con su bolso de piel marrón, se sienta en algún banco del andén, y espera que llegue el primer tren meneando el abanico.

Sebastián Moreno.

VERANO ADENTRO

(Y OTROS VESTIGIOS)

"Chucurruchiña, chucurrucheira
chucurruchiña andaba en la feira
curuliño una faldriqueira
preyuntando por las mulleres
chucurruchiña tu quelles queres
quiero llesdar caldiño de lebres".

Lo cantaba Josefa

"Importa qué historias contamos para contar otras historias; importa qué nudos anudan nudos, qué pensamientos piensan pensamientos, qué descripciones describen descripciones, qué lazos enlazan lazos".

Donna Haraway

PERSONAJES

* ABUELA

– TÍA

REBECA

GABI

Frente a la ventana del salón, una mujer de ochenta años tiene la mirada fija en la lluvia. Está arreglada para salir afuera. Su mano golpea rítmicamente el reposabrazos de la silla. Junto a ella, una joven de veinte años con una hoja de papel en la mano.

Gabi: Abuela, mira lo que he encontrado en tu mesilla. Es de julio de 2022, menudo verano... ¿Quieres que te peine?

Sin cejar en su golpeteo, la abuela gira el rostro hacia su nieta y sonríe. Se pasa la mano temblorosa y rígida por el cabello. La nieta le da el papel.

La abuela lo estira sobre su regazo, tratando de difuminar las arrugas de diez años. Gabi hurga en el bolso de la abuela y saca un peine de concha al que le faltan un par de púas. La abuela levanta el retrato, lo sostiene frente a sus ojos. El cielo lluvioso de hoy, tras los cristales, contrasta con el sol infantil del dibujo. Un sol grande y amarillo como un limón. Gabi hunde sus dedos y los desliza suaves entre el pelo de su abuela. El cabello ceniza, indeterminado, brillante y fino, cede a la voluntad del peine y de las manos.

> Fue el verano que pasamos juntas aquí, tú, la tía y yo. Pienso muchas veces en esos días. ¿Te hago daño?
> La que está cayendo, lo mismo se retrasan por la lluvia. A ver si traen paraguas para que no te mojes al salir. Abuela, ahora te vienen a buscar y te llevan a la residencia. A las doce, que tengo descanso, llamo a ver cómo estás. ¿Vale? Y que te pongan conmigo. Si te tiro, me dices. Mamá va a ir a verte a la hora de comer y así habla de lo que te gusta con la cocinera. ¿Me oyes? Vas a poder jugar a las cartas o a lo que quieras y si no quieres, no. ¿De acuerdo? Tú, lo que tú quieras. Y por la tarde va la tía a darte la merienda. Y lo que no te guste tú lo dices. Si no estás bien, mírame abuela, si no estás bien, yo voy a buscarte, ¿vale?

Suena el telefonillo. La abuela comienza a doblar concienzudamente el dibujo.

I

El mismo salón, diez años antes, en el verano del 2022.
La primera luz de la mañana se cuela tímida por la persiana a medio subir, salpicando de puntos suspensivos el deteriorado parqué. En uno de los rincones dos torres de sillas, apiladas, asiento sobre asiento, flanquean una alfombra enrollada que descansa contra la pared. Los muebles han sido desplazados para dejar espacio a dos barras paralelas de ejercicios que atraviesan la estancia.
Encima de la mesa de comedor se amontonan algunas vendas enrolladas y otras estiradas que han relegado a un segundo plano un cesto otoñal, con su vela, sus piñas y hojas secas.
El aire de finales de junio entra por la ventana y, por la ventana, sale el sonido de una respiración esforzada, de un aliento entrecortado por el ejercicio.

– Tres – cuatro – cinco

Una mujer de unos cuarenta años, se ejercita entre las barras. Levanta su peso con la fuerza de los brazos.

Seis – siete –

Vencida por el esfuerzo se deja caer sobre una silla colocada entre las dos barras. Se toma el tiempo justo para recuperar el aliento. Se pone en pie con los brazos en cruz. Trabaja el equilibrio sobre su pierna derecha. Su pierna izquierda termina en un muñón justo por debajo de la rodilla. Balancea su cuerpo de derecha a izquierda, como una funambulista sobre el alambre.

Cuerpo balanza
Cuerpo prisa
Cuerpo salvavidas
Cuerpo pausa
Cuerpo tara

Detiene su balanceo.

* ¿Qué haces tan temprano, hija?

Una mujer en camisola ha entrado en el salón. Las marcas de las sábanas y las arrugas de setenta años de vida se disputan su rostro. Sin deshacer su figura de balanza humana, de artista recibiendo aplausos, la mujer gira la cabeza para dirigirse a su madre.

— No sé, me desperté.

* A ver si coloco esto de otra manera. Seguro que hay otra forma de que los muebles estorben menos. ¿Te pongo las vendas?

— No, acércamelas. Cuando acabe los ejercicios me las pongo yo.

* No tienes que hacerlo todo sola desde el primer día

– Ya han pasado casi cuatro semanas. Tengo que ir pensando en volver a mi casa y apañarme yo.

* ¿Cómo va a haber pasado ya tanto?... ¿Pues cuándo es que fuimos al crematorio?

— Hace tres semanas.

* Y entonces, lo de la pierna... ¿Cómo se dice?...

— ¿El qué? ¿Mamá, sabes qué día es hoy?

* Sí, hija, lo sé, no empieces. . . Pero cómo es lo que te van a poner. . .

— La prótesis.

* Eso, la prótesis. ¿Cuándo te la daban?

— Mañana. Depende. Depende del dolor.

* Así estás tú, que no has pegado ojo. Anoche te sentí a saltos por el pasillo.

— Sí, fui al baño a beber agua y no cogí las muletas.

* Si no te dan la... prótesis mañana, pues cuando tenga que ser. Que enseguida te entra la prisa.

— Tiene que ser mañana.

* Lo importante es que no te duela.

— No sé cuándo llegará eso, no sé cuando mi cerebro se olvidará de que aquí había una pierna para que me deje de doler. Y tú, mamá, ¿vas a ir a hacerte las pruebas?

* Déjame ya con eso. Voy a preparar café, ¿quieres uno? Te lo traigo.

La madre sale del salón. La mujer se sienta en la silla entre las dos barras. Se seca el muñón con una toalla. Lo masajea con cuidado e incomodidad.

— Lo importante es avanzar. Reducir la sensibilidad del muñón y aumentar la movilidad. Sentir menos para moverse más. Moverse mejor.

Coge las vendas y comienza a vendarse el muñón de la pierna. Es un ritual con el que aún no está familiarizada. Sus manos titubean, hacen y deshacen.

Un día todo esto no costará tanto, costarán otras cosas. Esto no ocupará tanto tiempo, todo el espacio. Todo el día, toda la noche, todo el salón. El cuerpo también tiene memoria, demasiada. Que no duela también es avanzar.

El sonido del móvil interrumpe el vendaje.

— Hola.

Rebeca: ¿Cómo estás? ¿Qué tal vas con la rehabilitación?

— Más despacio de lo que me gustaría. ¿Qué tal tú? ¿Y Gabi?

Rebeca: Bien, mañana iba a llevarla a casa de mamá. Son las dos semanas que se suele quedar hasta que me dan las vacaciones.

— Ya, lo sé.

Rebeca: ¿Te molesta? Igual es un rollo, ahora que tienes que estar tú allí estos días, con todo el lío que tenéis. Igual no te apetece que te vea así. Puedo intentar/

— No, no es eso. Tengo ganas de verla y de estar con ella. Es por lo de mamá.

El olor a café se cuela en el salón. La madre entra con una taza en cada mano. El paso es lento. Parece que son las tazas las que sostienen a la madre, impulsando sus pasos, lo justo para no arrastrar las zapatillas.

Va más rápido de lo que nos gustaría.

* ¿Quién es? ¿Es tu hermana? Pásamela.

La madre apoya las tazas en el mueble de la tele, mucho más accesible que la mesa del comedor en la actual disposición del salón. La mujer le pasa el móvil y vuelve a la tarea de vendarse el muñón.

Rebeca: ¿Cómo estás, mamá?

* Yo, bien. ¿Cuándo viene la niña? Ya es veinte de junio.

Rebeca: Sí.

* Hoy es veinte de junio.

Rebeca: Ya te he oído.

* Es para que me oiga, también, tu hermana.

Rebeca: No sé si este año es buena idea que lleve a Gabi. Ya tenéis mucho lío.

* Lío ninguno.

Rebeca: ¿Vais a caber bien ahí?

* Pues será por camas. Puede dormir en tu habitación, como siempre que viene. Si no quiere dormir sola puede dormir con tu hermana en la suya o conmigo en mi cama. En el salón no porque está hecho un campamento, pero vamos. Venga, te dejo. Tráela mañana. Estamos deseando verla. *(Cuelga el teléfono)*

— ¿Qué te parece?

*	Muy bien, es la vez que mejor te lo has vendado.

— No, qué te parece que venga Gabi.

*	Muy bien. ¿Y a ti?

— Muy bien.

II

La caída de la tarde da el respiro justo para salir. Las manivelas chirrían recogiendo los toldos de las fachadas.
Gabi y la abuela caminan acompañadas por el canto de los vencejos. La niña juega mirando al suelo, salta a la pata coja, alterna pasos cortos y largos tratando de no pisar las líneas de los adoquines.

Gabi: Abuela, ¿cuándo volvamos a casa estará la tía?

* Sí.

Gabi: ¿Por qué no estaba en casa cuando he llegado?

* Está en el médico

Los pasos de la abuela titubean.

Gabi: ¿Por la pierna? Me ha dicho mi madre que le van a poner una pierna postiza.

La niña se adelanta de un salto en su juego de evitar las líneas del empedrado.

Abuela.

Abuela.

La abuela dirige la mirada a izquierda y derecha. Interrumpe el paso, lo acelera.

* ¿Qué, cariño, qué?

Gabi: No me haces caso.

* Sí te hago, sí. La pierna, sí, le van a poner una pierna a tu tía.

Gabi: ¿Dónde está la pierna que le quitaron? ¿Por qué te paras? ¿Qué miras? ¿Qué pasa, abuela?

* Nada, cariño. ¿Qué pone ahí? En el cartel, el nombre de la calle.

Gabi: Calle de la Retama.

* ¿Retama?

Gabi: Abuela, ¿dónde vamos?

* Vamos al parque grande.

Gabi: No es por aquí. Hay que ir a la calle de la panadería, por ahí.

Gabi señala la dirección y echa a andar. Tira de su abuela. La siente encogerse, es un globo desinflándose. Caminan en silencio. Tras zigzaguear varias manzanas llegan al parque. La abuela busca la sombra en un banco de pino verde, donde se sienta.

* Hay que fijarse bien en los nombres de las calles.

Gabi: O en las tiendas. Yo sabía el camino por la panadería.

* Las tiendas cambian.

Gabi: Cambian cada muchísimo. No van a cambiar en estos días de vacaciones.

La abuela tiene la mirada fija en algún punto más allá del rostro de Gabi. Mira a través de la niña. No es una escultura de arena deshaciéndose en un soplo de aire, es su nieta.

Gabi: ¿Estás bien, abuela?

* ...

Gabi: Me voy a jugar.

* No, no, primero el bocadillo. Tienes que merendar.

La abuela echa mano al bolso, revuelve dentro.

Tienes que merendar.

Gabi: No tengo hambre.

Tantea el fondo del bolso.

No lo busques más.

Vacía el contenido en el banco: una hoja de papel doblada, la comba, el monedero, unos pañuelos, una bolsa, las llaves, el peine de concha y púas redondeadas, el espejito de nácar, la funda de las gafas.

No lo busques más.
Que no tengo hambre.
¡Que no lo busque más!

La abuela desiste. Junta las manos en una palmada que no suena. Inclina la cabeza al cielo con los ojos cerrados.

* Esto avisa, claro que avisa, como un terremoto, como un volcán.

Gabi agarra la comba y el papel que ha quedado enganchado a la cuerda. Sale corriendo.
La abuela recoge las cosas del banco. Sus manos se detienen en la bolsa y los pañuelos. Los estira y los dobla nerviosamente. Lo repite. Una, dos veces, hasta que los guarda. Levanta la mirada al parque. Busca a su nieta.

¡Gabi! ¡Gabi! ¡Gabi!

Gabi se detiene jadeante, se ha adentrado en la zona arbolada.
Se guarda el papel en el bolsillo.

¡Gabi! ¡Gabi! ¡Gabi!

Gabi: ¡¿Qué?!

* ¡¿Gabi, dónde estás?!

Gabi: ¡Aquííí!

* ¡Gabi, no te veo!

La niña va hacia los columpios. Sube a lo alto de un tobogán, la escalera quema.

Gabi: Estoy aquí. ¿Qué quieres?

* ¿Qué te pasa?

Gabi: ¡Nada, no me pasa nada!

* Ven aquí

Gabi baja por el tobogán.

¿Por qué te has ido corriendo? ¿Qué te pasa?

Gabi: A mí nada. ¿Y a ti?

La abuela se bebe un suspiro. Pasa su mano por las mejillas y la frente de la niña, en un gesto más largo que una caricia, como si fijara su rostro en su mano.

* Nada, cariño, no me pasa nada. Ve a jugar donde pueda verte.

Las manos de la abuela se agarran al asiento del banco, por si el vacío que le corre garganta arriba levantara un vendaval y pudiera llevarla de un soplo demasiado lejos.

III

El sonido de los grillos y la claridad de una luna creciente de finales de junio conquistan la noche.

El haz de una linterna rebota contra las paredes del salón. Se escabulle entre las patas de la mesa hasta detenerse en la prótesis, apoyada en un rincón.

El foco se apaga.

Gabi sostiene el extremo de la linterna.

Vuelve a encenderla.

Ilumina la prótesis, despacio:

el pie protésico,

el tubo de acero,

los adaptadores,

el encaje para el muñón.

Gabi está sentada bajo una tienda de campaña que ha improvisado cubriendo con una sábana las sillas y las barras paralelas.

La puerta del salón se abre.

Gabi apaga la linterna. Contiene la respiración.

Entra su tía, ayudándose de las muletas.

— ¿Gabi?

La mujer descorre ligeramente la sábana.

Pero cariño, ¿qué haces ahí debajo?

Gabi: Me he despertado y no podía dormir. Ahora lo recojo todo.

— Tranquila. Habla bajito que está la abuela durmiendo.

Gabi enciende la linterna.
El foco ilumina el muñón de su tía.

¿Te asusta el muñón?

Gabi: No. Sí. Un poco.

— Es una tienda de campaña estupenda. ¿Puedo pasar?

Gabi recoloca los cojines para hacerle hueco y la ayuda a sentarse a su lado.

Gracias. ¿Quieres tocarlo?

Gabi extiende la mano.
Toca el muñón.
Pasa sus dedos por la cicatriz.

Gabi: ¿Te hago daño?

— No.

Gabi: ¿Dónde está? ¿Dónde está tu pierna, las cenizas? Mi madre me dijo que la quemaron y te dieron las cenizas.

— Están en una caja.

Gabi: ¿Vas a enterrarlas? ¿Las vas a tirar al mar?

— Sí, a lo mejor un día las entierro. Al mar no.

Gabi: A ti te gusta el mar, ¿o ya no? ¿Ya no te gusta? ¿Porque te caíste?

— En el mar ya hay muchas cosas que no tienen que estar en el mar.

Gabi: ¿Qué cosas?

— Un montón de plástico, por ejemplo, y se lo están comiendo los peces porque lo confunden con comida.

Gabi: ¿Te da miedo que se coman las cenizas?

— No, me da frío pensarlo. Imaginármelas en el mar por la noche, me da frío. Tan pequeñas, las cenizas, empapándose y el mar tan grande. No es porque se las coman. Y tú qué, que no has cenado nada y no te tomaste el bocadillo. ¿Te has despertado porque tienes hambre, pececillo?

Gabi: No. ¿Tú por qué te has despertado?

— Por un pez naranja. Por un sueño.

La tía enciende la linterna y proyecta sobre la sábana la sombra de un pez que hace con sus manos.

Gabi: Mentira.

Gabi desvía el haz de la linterna ahogando el juego del pez en las sombras.

— ¿Y por qué crees que me he despertado?

Gabi: No sé.

— Vinisteis muy serias del parque. ¿Te enfadaste?

Gabi: ¿Y tú?

— ¿Por qué iba a estar yo enfadada?

Gabi: No sé, porque te hace daño la pierna postiza. ¿Me vas a dejar ir contigo cuando entierres las cenizas?

— Ya veremos. ¿Y tú me vas a decir qué te ha pasado con la abuela? ¿Es porque se le ha olvidado el bocadillo?

Gabi: La abuela me ha mentido. Dice que no le pasa nada, pero sí que le pasa.

— Habla más bajito, corazón, que es muy tarde. ¿Qué le pasa a la abuela?

Gabi: Se ha perdido cuando íbamos al parque y me ha gritado.

— ¿Cómo que se ha perdido?

* ¿E os zapatos?

¡O río levou os zapatos!

Gabi: Andábamos y andábamos y no me hacía caso.

— Pero si me dijo que estuvisteis en el parque. Que se olvidó el bocadillo, pero que estuvisteis en el parque.

Gabi: Mira, tía.

Gabi mete la mano debajo de un cojín y saca la hoja de papel.

~~Martes 31 de mayo~~

~~Miércoles 1 de junio~~

~~Jueves 2 de junio~~

~~Viernes 3 de junio~~

Sábado 4 de junio

~~Domingo 5 de junio~~

~~[illegible]~~

~~Martes 7 de junio~~

~~Miércoles 8 de junio~~

~~Jueves 9 de junio~~

~~Viernes 10 de junio~~

~~Sábado 11 de junio~~

~~Domingo 12 de junio~~

~~Lunes 13 de junio~~

~~Martes 14 de junio~~

~~Jueves 16 de junio~~

~~Viernes 17 de junio~~

~~Sábado 18 de junio~~

~~Domingo 19 de junio~~

~~[illegible] junio~~

~~Domingo~~

Martes 21 de junio

— Es la letra de la abuela. ¿De dónde has sacado esto?

Gabi: Estaba en su bolso. Yo no lo cogí, se quedó enganchado en mi comba. La abuela se perdió. Dice que hay que fijarse en los nombres de las calles, que las tiendas cambian, pero yo supe el camino por la panadería. Por eso llegamos al parque. ¿Por qué la abuela escribe los días en un papel?

La tía se guarda la hoja en el bolsillo del pijama.

Gabi: La abuela tampoco ha cenado.

— ¿Sabes que era antes esa panadería? Una tienda de peces. Allí compró la abuela, hace muchos, muchos años, el pez con el que he soñado esta noche.

Gabi: ¿En serio? ¿Hace cuántos años?

La sombra del pez vuelve a conquistar la linterna.

— Muchos, yo tenía siete años. El pez se llamaba Telmo. Vivía en una pecera en la cocina de esta casa. Telmo tenía la cola torcida.

Gabi: ¿Se le rompió la cola?

— Pues no sabemos si vino así o se torció luego.

Gabi: ¿Te duele la pierna, tía?

— No. Sí.
Un poco.
Es raro. A veces me duele sin que nada me roce. A veces me duele la pierna como si siguiera estando ahí. Lo llaman dolor del

miembro fantasma porque duele algo que ya no está. Yo veo que solo tengo una pierna, pero mi cerebro sigue sintiendo que hay dos. Pero ya no hay dos, ha cambiado, como la tienda de peces, que es una panadería.

Cariño, ¿me ayudas a levantarme y nos vamos a la cama?

IV

La abuela se despierta en mitad de la noche. El instante más largo y ciego del día. Intenta estirar la intuición. Distingue, entre los ruidos que llegan del salón, el sonido de grillos que entra por la ventana. Se eclipsa el presente.

* ¿E as vacas?... ¿Qué pasa aí fóra?
¿Mamá?

Se levanta. Vacila. Se acerca a la ventana abierta. Retrocede. Palpa las paredes. La memoria rota busca en vano los ángulos de una casa que ya no es. La de su infancia.

Escapáronse as vacas. Perdéronse.

Gabi: Me he despertado y no podía dormir. Ahora lo recojo todo.

* ¿E os zapatos?
¡O río levou os zapatos!
Estou descalza... Mamá...
Voume sentar no cepo.

Gabi: La abuela me ha mentido. Dice que no le pasa nada, pero sí que le pasa.

* La niña... Ya voy, niña, ya voy. ¿Dónde está? ¿Qué buscaba yo?

A tientas sale del dormitorio atravesando el pasillo hasta el salón. Enciende la luz.
No hay nadie. Sus pies descalzos atraviesan el salón hasta la puerta. Sale al rellano y entra en el ascensor dejando tras de sí la puerta abierta. Una corriente de aire lo invade todo.

V

La mujer está acostada en su habitación. El roce de la sábana despierta el picor en la pierna que ya no tiene. El dolor del miembro fantasma ha espantado al sueño.
Se sienta en la cama y masajea el muñón. Coge de la mesilla un opioide. Se lo toma.
Las fotos de su infancia la miran desde el corcho de la pared. En una de ellas hay una pecera con Telmo dentro. Coge la fotografía, le da la vuelta, lee la fecha escrita a boli.

— *Telmo en la pecera. 27 de abril de 1989.*
¿Quién haría esta foto? ¿Sería Rebeca?
La letra es de mamá. Son sus números, un poco más definidos que ahora.
Era una pecera pequeña, pequeñísima y redonda. Perfecta para el desvarío.
Telmo. 1989. Tengo siete años.
Me da miedo entrar en la cocina y encontrarte en el suelo. Saltabas de la pecera al suelo.
No voy a la cocina por la noche.
Bebo agua en el cuarto de baño para no ir.
Distinto grifo, mismas cañerías, misma agua.
El miedo a ir y encontrarte en el suelo. *¿Y si has saltado?*
El miedo de no ir y dejarte en el suelo. *¿Y si aún puedo salvarte?*
Bebo en el baño. Esa costumbre se ha quedado.

Ahora tardo más en llegar al baño.
Yo salté por el día, desde los riscos. Como desde hace años. No sé qué pasó. No hacía viento, no más que otras veces.
Se ven bonitas tus escamas.
No me acuerdo del golpe. Funciona así, dicen. El trauma, la cabeza, para poder seguir.
Estoy ardiendo. Qué calor... La pierna me calambrea y me arde, tanto cojín, tanto cojín para ponerla recta... qué agobio... ¿Dónde puse el abanico? Aquí. Mejor.
Mírame, tengo cuarenta años, un muñón y el dolor de una pierna que no tengo. Mi cerebro no se entera de que ya no está. No está.
Ni la tienda de peces...
Tengo siete años. No sé nada de peces. ¿Te dolía la cola? ¿Te dejó de doler?
Eras muy bonito, así, con tu cola torcida. No era un problema.
Mi cicatriz también está bien, es bonita así.
Qué airecito más bueno.
Deja de mirarme. Ojalá pudieras cerrar los ojos. Me marean, el amarillo me marea.
Son los 80, nadie en mi casa piensa que haya algo malo en comprar peces.
No sé si mamá te compró con la cola rota o si se rompió al pasarte a la pecera con nervio.
Una tienda de peces...
Te trajo en una bolsa de plástico, como llega la fruta a casa.
Mi madre te recoge del suelo. Una, dos, muchas veces.

Sus manos, diestras en limpiar salmonetes y en enharinar boquerones, agarran tu cuerpo brillante, como si le robaran una flor naranja al campo.

Te desbordaste, te desbordas. Estás empapando la almohada, Telmo.

¿Esto es sudor? Ni con el abanico... Se me pegan las piernas.

¿Qué pensarías? ¿Pensabas?

Corre el aire, un poco, qué gusto...

Te acordarías de poco.

Funciona así, dicen. El trauma, la cabeza, para poder seguir.

Un vendaval de aire entra por la ventana seguido del ruido de un portazo.

¿¡Mamá?!

VI

La abuela deambula por la acera, arriba y abajo.
Sus ojos abiertos de par en par solo beben noche. No encuentran nada que la oriente. No saben qué buscan.
El reflejo en el portal le devuelve la imagen de una anciana descalza que replica sus pasos. No se reconoce.
Sus dedos aprietan con fuerza la camisola hasta que sus yemas se vuelven blancas. La aburruña formando un cesto con la tela. Trajina en el hueco, sin descanso, un fondo infinito en el que estuviera guardando sus propios puños.
Estira la camisola.
Vuelve a aburruñarla.
Guarda los puños.
Vuelve a estirarla.

> * Tengo atopar as vacas mamá onde estás non podo perdéronse voume voume a casa estou descalza o río levaba os zapatos voume a mia casa voume sentar do cepo e as vacas comeron non hai pan hai mirabeles voume a mia casa.

Los faros del camión de la basura se dibujan en la fachada al torcer la calle. Clavan la sombra de la anciana contra la pared. Desde dentro del camión unas voces gritan: "¡Señora, señora! ¿Se encuentra bien? ¡Señora! ¿Necesita algo? ¿Dónde vive?"
La mujer sale del portal apoyada en sus muletas.

— ¡Mamá! ¿Dónde vas?

La anciana, aún medio cegada por las luces del camión, se vuelve hacia su hija.

* A casa a casa a buscar lo de la a a. Vámonos a casa.

A medida que entran en el portal, el gesto de la anciana se vuelve dolorosamente rígido y plano.

Lo siento… me he… no sabía… perdona… no quiero yo que… es y se

— Ya está, ya está.

* Me despisto. Me preocupo siempre que me despisto. No así… la otra… no me fue así… esto así no… antes antes no así otra cosa

La mujer rodea con su brazo a su madre al tiempo que las puertas del ascensor se cierran.

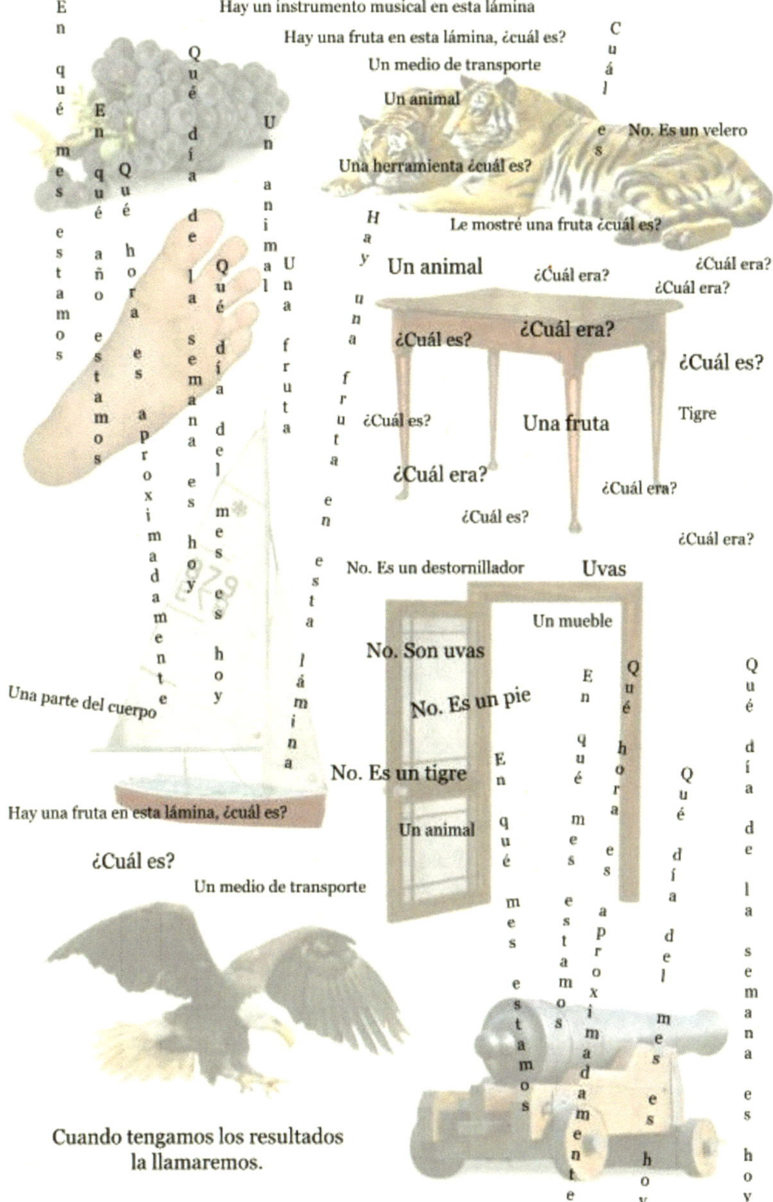

Cuando tengamos los resultados
la llamaremos.

VIII

El vaho del baño apenas encuentra salida por las rendijas de la puerta. La humedad enturbia el aire y vuelve resbaladizos y brillantes los azulejos.
Gabi limpia el espejo empañado, lo justo para poder verse la cara.
La tía golpea con los nudillos al otro lado de la puerta.

— ¿Estás bien? Llevas mucho rato.

Gabi: La abuela no se perdió quería ir por otro sitio porque hacía calor no importa ir por un sitio o por otro sitio no importa por dónde da igual yo la distraje la hablaba la abuela quería ir a otro parque no dejáis que haga las cosas que quiere ni a mi ¿¡por qué está en el médico?! dije que se perdió porque yo me confundí no me gritó yo me fui me fui corriendo no me veía no sé si gritó dije que gritó pero no porque yo estaba lejos no lo sé no se la oía no me veía yo no quería el bocadillo no lo quiero no lo busques no lo busques se lo dije no le pasa nada no lo olvidó lo tenía guardado no me hacéis caso yo quería verte antes de ir al parque no te había visto sin la pierna me fui corriendo por eso no me lo dio estaba guardado como siempre se lo dije yo no quiero el bocadillo me fui antes de que lo sacara no la hacéis caso ni a mi la abuela no es una niña yo soy una niña pero puedo ir a un hospital no me dejasteis verte en el hospital la abuela no quería ir al médico no se cura lo que tiene no se cura os he oído a ti y a mamá habláis y os calláis de pronto os calláis para que no os oiga no se cura ¡lo habéis dicho!

— Gabi, sal, por favor, cariño.

Gabi abre la puerta del baño. Busca mirar directamente a su tía a través de las lágrimas y del vaho. La tía entra dejándose envolver por las gotas en suspensión y por el abrazo brusco de Gabi que rodea su cintura.

Gabi: Lo conté mal. La habéis llevado al médico porque lo conté mal.

Gabi hunde su cabeza en el vientre de su tía.
La mujer acaricia el pelo mojado de su sobrina.
Sus reflejos se mecen borrosos en la superficie del espejo.

IX

En la encimera de la cocina se apoya una muleta, elemento disruptivo de un bodegón formado por tomates, huevos cocidos y un queso que aguarda su turno.

La mujer se aplica en partir una lechuga. La percusión del cuchillo sobre la tabla de madera da el pulso de una espera inquieta.

Desde el descansillo llega el zumbido del ascensor que se detiene.

El movimiento del cuchillo se congela. La atención de la mujer se agudiza tratando de encontrar respuestas en los murmullos que se acercan al otro lado de la puerta.

Entran la abuela y Rebeca.

Rebeca: Ya estamos aquí.

— Mamá, Rebe, ¿qué tal ha ido?

* Qué avanzada está la cena.

Rebeca: Venimos a mesa puesta.

— ¿Qué os han dicho?

Rebeca: Nada.

* Para qué te lías, lo habría hecho yo al llegar. ¿Qué estás haciendo?

— Ensalada y gazpacho. ¿Cómo que nada?

* ¿Y Gabi?

— En la habitación. ¿Pero qué os han dicho?

* Gabi no toma cebolla en la ensalada.

— Ya, no le he puesto cebolla.

Rebeca: Pues nada. Que hay que esperar resultados.

* Voy a ver a Gabi. Quédate con tu hermana y le cuentas tú.

Sale de la cocina.

Rebeca: En unos días nos dirán si el deterioro cognitivo que tiene es acorde a su edad o si está más avanzado. ¿Qué falta por trocear?

— El pimiento verde, está en la nevera. ¿Y si está más avanzado?

Rebeca: Trae el cuchillo que haga yo algo. En ese caso, pueden darse varios escenarios. Y según como sea, pueden proponer hacerle una punción lumbar para confirmar si es Alzheimer.

— O descartarlo, ¿no? ¿Crees que hemos hecho bien convenciéndola de que se hiciera las pruebas? Ya está, ya está, no le pongas pepino que a mamá ya no le cae bien.

Rebeca: Claro que sí, tenía que habérselas hecho antes.

— La hemos estado agobiando con que se le olvidaban las cosas. Igual parece que está peor de lo que está por el estrés que está teniendo: yo en su casa, mi rehabilitación, todo eso la desestabiliza, seguro, desestabiliza a cualquiera.

Rebeca: Si no llegas a estar en su casa estas semanas no nos habríamos enterado de nada. Es que es muy cabezota, muy cabezota.

— Estaba apuntando el día del mes y de la semana que era en un papel, cada día, porque sabía que se lo iba a preguntar.

Rebeca: Podía haberle pasado cualquier cosa. Imagina que sale a la calle en invierno y no la encuentran. Echa aquí los tomates y enchúfame la batidora.

— ¿Y si le dan el diagnóstico y resulta que es lo que tememos? Mamá no quiere que la gente lo sepa. No quiere que la miren con condescendencia, que piensen que no se entera de nada. No quiere que piensen que no puede andar, digo, que no puede valerse. Sin el diagnóstico aún puede pensar que... ¿Qué va a pasar?

Rebeca: Que estaremos con ella.

El ruido de la batidora descompone, tritura y mezcla las últimas palabras haciéndolas casi inaudibles.

Ahora, por favor, dígame los meses del año de atrás hacia delante.

Hace unos minutos le mostré cuatro láminas, cada una con cuatro figuras. Ahora dígame todas las figuras de las que se acuerde.

No se preocupe.

Dibuje un reloj. Grande. Las manecillas marcando las cuatro menos veinte.

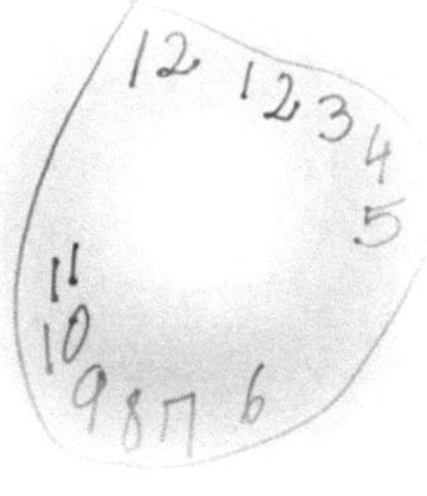

No se preocupe.

Hace unos minutos le mostré cuatro láminas cada una con cuatro figuras. Ahora dígame todas las figuras de las quc se acuerde.

No se preocupe.

Cuando tengamos los resultados la llamaremos.

XI

Sin soltar el bolso la abuela recorre el pasillo hasta la puerta cerrada de la habitación de Gabi.

* ¿Se puede? ¿Puedo pasar?

Gabi: Pasa.

La abuela entra y se sienta a los pies de la cama, frente al balcón. La niña está hecha un ovillo en el borde del colchón. Esconde sus ojos enrojecidos en la almohada.

* Cariño, tienes el pelo aún mojado. ¿Me dejas que te lo peine?

La niña deshace su madeja. Se coloca en el suelo, entre las piernas de su abuela.
La abuela saca el peine de concha del bolso.

¿Te hago daño? Si te hago daño me lo dices. Si me aprietas tanto las piernas, me vas a hacer daño tú a mí.

Gabi: Estos días me imaginaba que había escorpiones debajo de los papeles o de los pañuelos y que por eso los doblabas tanto.

* Aquí tienes un enredón. Voy con cuidado.

Gabi: La tía me tiene que dejar ir con ella cuando entierre las cenizas. No soy pequeña para eso. He inventado un rezo para cuando las enterremos.

* ¿Qué sabes tú de rezos?

Gabi: Sé que tiene que rimar y es mucho mejor si alguna frase se repite.

* Un poema.

Gabi: No, un rezo, porque es para enterrar. Para que ya no esté. Para que se vaya del todo y ya no le duela. Mi rezo rima y tiene una cosa que se repite:

Pierna izquierda, pierna de mi tía.
Que la acompañaste de noche y de día.
Dichosa la hiciste y dichosa se queda.
Se queda con su cuerpo
y con su cojera.
Pero que no le duelas.
Dichosa la hiciste y dichosa se queda.
Y las cenizas enterramos junto al banco de madera.

* Es el mejor rezo de entierro que he oído nunca. El mejor rezo de todo que he oído nunca.

Gabi: ¿Qué tienes, abuela? ¿Te lo han dicho?

* Aún no. Sólo me han hecho pruebas. Ya casi está, ¿te hago dos coletas?

Gabi: Vale. A lo mejor no tienes nada. Pero crees que sí, ¿no? ¿O no? ¿Por qué has ido a las pruebas? No querías ir ¿Por qué has ido?

* Los médicos te dicen muchas cosas. Aunque no quieras saberlas te las dicen. A veces preguntas y no te dicen nada porque no saben, pero si saben, te lo dicen, aunque no preguntes.

Gabi: Cuando lo sepas, ¿me vas a decir lo que tienes?

* Lo que tengo son ganas de estar contigo, con tu madre y con tu tía.

Gabi: Abuela, lo otro, lo de las pruebas. ¿Me lo vas a decir cuando lo sepas?

* Si me lo preguntas, sí. Vamos a cenar y les recitas el rezo. En cuanto te oigan, tu tía va a querer enterrar las cenizas.

Suena el timbre. Abre. En el recibidor de la casa, Gabi termina de ponerle el abrigo a su abuela no sin antes deslizar en uno de sus bolsillos el peine de concha. La despide con un beso. La abuela sale y tras de sí, la puerta se cierra.

Raquel Calonge García (Madrid 1982).

Lleva años explorando distintos lenguajes tanto para público adulto como juvenil e infantil.

En el año 2004, en el Aula de Teatro de la Universidad Autónoma de Madrid, forma con otros estudiantes la compañía la Cama sin Hacer, donde participa como actriz y dramaturga.

En 2010 funda con David Utrilla la compañía La Casquería con la que escriben y estrenan media docena de obras de teatro infantil y para bebés. En 2015 se une a La Casquería, Sebastián Moreno. Desde entonces, han escrito y llevado a escena "Nadie come tierra", "Cartílagos en Technicolor", "Bye-bye Shangri-La" (seleccionada para el festival SURGE Madrid) y "Pinito. Sombras de un Trapecio" estrenada en el Teatro Circo Price y editada por Ediciones Antígona.

Podemos encontrar publicadas en Ediciones Invasoras sus piezas: "Al otro lado de la tapia (o La noche que no ladrarán los perros)" dentro del volumen colectivo "Sen(o)fobia" y "Ojo madera" en el libro "Ábrete, cielo". La AAT publicó en su volumen XII de "El tamaño no importa" su obra "Caparazón enfermo".